JN410529

광화문 비각 앞에서 사람 기다리기

임보 시집

광화문 비각 앞에서 사람 기다리기

Poetics 시학

■ 시인의 말

열여덟 번째 신작시집이다.

그동안의 내 시집들은 대체로
생각의 경향이나 형식의 유사성에 의해 엮었는데
이 작품집은 출산의 시간적 배경에 따라 그냥 묶었다.
2013년에서 2014년에 걸쳐 생산된 작품들 가운데서 선택한 것들이다.
특정한 시기에 시인이 무슨 생각을 주로 하며 고민했는지를 읽는 것도
의미 있는 일처럼 여겨진다.

시가 어렵지 않고 재미있어야 한다는 기왕의 내 생각은 변함이 없다.
이 시집을 품은 이들에게 기쁨과 축복이 함께하기를 빈다.

2015년 이른 봄 삼각산 아래 운수재에서
임보 적음

차 례

제1부 페북 놀이

제2부 줄과 빽

제3부 내가 좋아하는 여자

제4부 나를 너무 띄우지 마라

제5부 시는 꼭 고상해야 하나?

제6부 불에 관한 명상

제1부

페북 놀이

바보 수첩*

텔레비전을
바보 박스라고 부른다

그놈을 가까이하면
얼이 빠져
사고력도 창조력도
망가지고 만다는 뜻이리라

그런데
오늘의 세상을 지배하는 건
그 바보 박스를 누르고 등장한
바보 수첩이다

길을 걸으면서도
스마트폰에 눈과 귀를 박고 있는
저 젊은 바보들!

---

* 바보 수첩 : 스마트폰을 그렇게 불러본다.

페북* 놀이

가만히 앉아서 내가 두드려 보낸 말들이
만 리萬里 도처에 가닿으니
이 얼마나 기특한가!

내가 띄운 문자들을 읽고
'좋아요!' 맞장구쳐 주는 사람들 있으니
이 얼마나 신명 난가!

나와 친구하는 사람들
기백 명이 매일 날 찾아와 주니
이 아니 기쁜 일인가!
(有朋自遠方來 不亦悅乎)**

헌데,
사자후 한번 제대로 토해 보지 못하고
어눌한 입술만 달싹이고 있으니

이 아니 답답한 일인가!

---

* 페이스북Facebook은 세계 최대의 소셜 네트워크 서비스인데, 주로 친구 사귀는 일을 핵심으로 운영하고 있다.

** 『논어』.

'좋아요'*

올린 글을 채 읽지도 않고
'좋아요'를 누르며 지나가는 이들도 있다
그러니 '좋아요' 가운데는
'그래 또 올렸구나, 눌러 주마!'
하는 빈정거림도 없지 않으리라

나도 가끔은 이름만 보고
'좋아요'를 누르기도 한다
믿을 만한 사람으로 인정되었거나,
내게 보낸 '좋아요'에 대한 보답으로

수백 명들로부터 '좋아요'를 얻은
인기 논객들의 집은 그냥 지나쳐도 된다
내가 아니어도 북적대는 박수꾼들 많으니
미안해할 것도 없다

그런데, '좋아요'를 한두 개만 달고 있는
외로운 이들의 문 앞을 지날 땐

잠시 멈춰 서서 초인종을 누르듯
'좋아요' 를 지그시 눌러 준다

기분 내키면 '당신이 최고야!'
짧은 댓글이라도 남기거나
정말 괜찮은 내용이면 '공유' 를 해서
사기를 높여 주는 것도 즐거운 일이다

하지만,
제 글에 제가 '좋아요' 를 누르는
자기도취의 나르시스족들이나
언짢은 일에도 '좋아요' 를 눌러 대는
분별없는 뚱딴지 패들을 보게 되면
참, 안됐구나 싶기도 하다

---

* 페이스북에 글을 올리면 그 글에 대한 반응을 표시하는 '좋아요' '댓글달기' '공유' 같은 난이 있다.

친구 목 자르기

오늘 아침 마음먹고 도사리고 앉아
친구의 목을 잘라 낸다
한 놈 두 놈 무자비하게 잘라 낸다

내게 잘 인사하러 오지 않는 놈,
얼굴도 드러내지 않고 유령처럼 떠도는 녀석,
관공서 명패를 달고 으스대고 있는 자,
잇속이나 챙기려 드는 장사꾼……
목을 베기로 한다

컴에서 페이스북*을 펴 놓고
친구 숙청을 하는 중이다
내 친구의 수효가 상한선에 도달하기 전
새로운 친구를 맞기 위해서는
미리 자리를 만들어 두어야 한다
말하자면 구조조정을 해야 하는 것이다

칼에 피도 안 묻히고 눈에 띄는 대로

한 50명쯤 잘라 냈으리라
제발 자르지 말라고 애원이라도 하면
봐줄 수 없는 바도 아닌데…… 무반응들이다
그러니 광야를 달리는 폭군처럼 으스대며
살생부를 넘겨 가면서 클릭 한 번으로
이[虱]를 눌러 죽이듯 숙청을 한다

---

* 페이스북은 친구의 상한선을 5,000명으로 제한하고 있다. 따라서 친구의 수효가 상한선에 이른 사람은 새로운 친구를 받아들이기 위해서는 기존의 친구를 덜어 내야 한다.

'임보' 검색하기

인터넷이 삶의 도구며 지침인 세상이다
모르는 것이나 필요한 것이 있으면
스마트폰이나 컴으로 검색을 하면 된다

처음 가는 길의 행로를 찾아 주기도 하고
낯선 고장에서 맛집이나 숙소는 물론,
생소한 용어나 인명을 물어보면 일러 준다

인터넷은 현대인의 스승이며 멘토며 해결사
지식의 보고寶庫이며 현대인의 경전이다
어느 날 나도 인터넷과 빈둥대며 놀다가

저 매처학자梅妻鶴子의 은사隱士 임포*를 찾던 중
궁금해서 내 필명인 '임보'를 검색해 보았다
그랬더니, 시인 임보林步는 한 귀퉁이로 밀려나 있고,

우르르 달려 나온 것들은 '×× 임보' 들이다
'강아지 임보', '고양이 임보', '유기견 임보' ……

임보? 추측건대 임시로 보살펴 준다는 뜻인가 보다

나 임보는 아마도 별 볼일 없는 시인이라 그런지
사람에게도 밀리고 개에게도 밀리고 고양이게도 밀려
본의 아니게 은자隱者의 반열에 들어서 있다

---

* 임포林逋 : 중국 북송의 시인으로 서호 고산에서 매화와 학을 기르며 지낸 은자.

헐!

요즘 아이들이 말끝마다 헐! 헐! 해서
'헐' 이 무슨 말이냐고 물었더니
대답은 않고
"아이참 헐!" 한다

지켜보고 있던 젊은이가 거들기를
황당하거나 어이없어 할 때 쓰는
감탄사라고 일러 준다

헐?
도대체 이 말의 어원이 어디인가?
hull?(껍데기)
hulk?(덩치 큰 놈)
(아무리 영어가 판치는 세상이라지만
그 말의 어원이 외래어 같지는 않다)

선원禪院에서 죽비를 내려치면서 꾸짖는 소리
그 할[喝]의 변음인가?
(그놈들이 그렇게 격조 있는 말을 알 턱이 없다)

그렇다면
헐뜯다 헐벗다 헐떡이다
헐수할수없이……의 그 '헐'?
(그놈들의 생각이 거기까지 미쳤을까?)

비속어이며 은어이니
분명 점잖은 말에 어원을 둘 리는 없을 터
무슨 상말의 토막일 것도 같다

제기랄→제길할→제길헐→헐?
××할→××헐→헐?
그런 무슨 욕설의 꼬리일까?
생략된 '××'이 오리무중 답답하다

나도 한마디 해야겠다
내—원—참,
헐!

조낸 시바

인터넷에 올린 글들을 읽다 보면
가끔 생소한 말들이 태클을 건다

대개는 그냥 지나치고 말지만
거듭 나타나게 되면 궁금해진다

'조낸 시바' 는 페북에 자주 등장한
어느 인기 있는 시인이 즐겨 쓰는 관용구

여기저기 검색을 해 보았는데도
학설(?)이 분분해서 골치만 때린다

성적인 비속어거나, 욕설인 모양인데
도대체 그 어원을 감 잡을 수가 없다

힌두교 여신을 부른 주술 같은 말
야쿠자*가 을러대는 위협 같은 말

남들은 맞장구치며 시시덕거리는데
나만 멀뚱거리며 기죽어 있다

짜증난 세상을 향해 나도 한마디 뱉을까?
“조낸 시바!” (제대로 썼나?)

---

* 야쿠자 : 일본의 조직 폭력배 집단.

뜨다

'뜨다' 를 사전에서 찾아보다가 문득 놀란다

* 물 위에 둥둥 떠오르다

* 착 달라붙지 않고 틈새가 생기다

* 기분이 가라앉지 않고 어수선하다

* 액체 같은 것을 덜어 내다

* 행동이 참 느리다

* 입이 무겁고 말수가 적다

* 다른 곳으로 옮기다

* 이 세상을 하직하다

* 누룩이나 메주가 발효하다

* 병으로 얼굴빛이 누렇게 되다

* 한 땀 한 땀 바느질을 하다

* 비문이나 녹화물을 복사하다

* 감았던 눈을 벌리다

* 약쑥에 불을 붙여 환부에 뜸을 하다

* 씨름에서 상대편을 번쩍 들어 올리다

* ....

사람들도 참 게으르고 멍청하다
같은 소리에 그 많은 뜻들을 담아 범벅을 만들다니!

사람들도 참 기특하고 영리하다
그 많은 의미들을 헷갈리지 않고 잘 구분해 쓰다니!

‘하다’에 대한 의문

문법에선 명사에 ‘하다’가 붙으면 동사나 형용사가 된다고 한다

공부+하다→공부하다(동사)
얌전+하다→얌전하다(형용사)
일하다, 밥하다, 싸움하다, 성공하다, 노래하다……

그런데,
‘노래하다’는 되는데 ‘춤하다’ ‘그림하다’는 왜 안 되지?
‘밥하다’ ‘반찬하다’는 되는데 ‘국하다’는 왜 안 되지?
‘잠하다[睡眠]’ ‘꿈하다[夢遊]’도 쓰지 않고
‘옷하다[着衣]’ ‘모자하다[着帽]’ 대신
‘옷 입다’, ‘모자 쓰다’라고 한다

멀쩡하다, 수더분하다, 아리송하다, 고리타분하다……

이런 묘한 말들도 많이 쓰이는데
외국인들 우리말 익히려면 죽을 쑤겠다

우리말 참 '알쏭달쏭하다'

가지 마서요 가면 먹혀요

내가 좋아하는 후배를
내가 사랑하는 제자를
얼마 전 그놈에게 빼앗겼습니다

빈둥빈둥 세상을 에돌던 사람들이
코끼리처럼 순한 그와 더불어
몇 개월 떠돌다 보면
코가 꿰인 소처럼 되어 돌아옵니다

돌아온 후배는 승가대학으로
또 제자 녀석은 해인사로 들어갔지요
그리고 무얼 하며 어떻게 지내는지
소식이 묘연합니다

나도 한때 얼마나 그놈을 그리워했는지
갠지스 강변이며
타지마할 궁릉宮陵이며
눈과 코가 큰 가무잡잡한 여인들이며

그놈이 누구인지 눈치채셨나요?
네, 맞습니다. 인도라는 땅입니다
그런데 이제 나는
그놈을 포기하기로 했습니다
나마저 코가 꿰어 돌아오면
세상이 얼마나 휘청거리겠습니까?

가지 마셔요
가면 빠져요

사랑하는 사람아
가지 마셔요
가면 먹혀요

하이옌(Haiyan, 海燕)

나는 아직 필리핀을 못 가 봤다

7천 개의 섬으로 되어 있다는 섬의 나라
과일이 풍부하고 물가가 싸다는 나라
영어에 밀려 모국어를 잃어 가고 있다는 나라
더워서 옷이 별로 소중하지 않다는 나라
민주화가 진행되고 있는 아직은 가난한 나라
한국으로 시집온 처녀들이 많은 나라
나는 그 나라에 호감을 갖고 있다

내가 좋아하는 노래 〈아낙〉을
흐느끼듯 노래하는 통기타의 가수
프레디 아길라의 조국이기 때문에 그런 걸까?

아니, 내가 아끼는 시인,
동산*의 꿈이 서린 곳이라서 그럴까?
(그는 세부에 파라다이스를 만들어
그가 좋아하는 사람들과 더불어 살고자 하는
아름다운 꿈을 간직하고 있다)

그런데,

2013년 11월 9일
초강력 태풍 하이옌이 밀려와
그 가난한 나라의 허리 타클로반을 강타했다
지상은 삽시에 넘치는 해일로 폐허가 되고
1만 명에 가까운 인명을 앗아 갔다

신이여 당신은 왜
꿈이 서린 그 어려운 나라에
하이옌을 보냈는가?

아길라의 소망인 민주주의를 보내지 않고
동산의 꿈인 낙원을 허락하지 않고
왜 하이옌을 보내 그 땅을 헤집었는가?

---

* 동산東山 : 등단과 시집 간행엔 초연하고, 인터넷을 통해 열심히 작품만 발표하고 있는 청주의 최병무 시인.

모자 타령

익선관翼善冠 면류관冕旒冠은 임금의 왕관이요
사모紗帽 관모官帽는 벼슬아치 감투

양반들은 망건에 갓을 쓰고 거들먹대고
하인들은 수건에 벙거지를 쓰고 바장인다

은사 도인은 복건幅巾을
야인 서민은 두건頭巾을

신부 머리엔 족두리簇頭里요
신랑 상투 위엔 초립草笠이다

겨울에는 남바위
여성들은 조바위

비올 때는 삿갓
더울 때는 맥고모자

이놈들이 한창 세상을 누비며 흘러 다니다 물러가더니만……

전쟁터엔 철모
공사장엔 파이버

신사들은 중절모
예술가는 베레모

청년들은 캡
소녀들은 보닛

열대의 헬멧, 한대의 털모자
이슬람의 터번, 터키의 페즈
중국의 굴리, 일본의 간부리……

세계 방방곡곡에 둥둥 떠내려가는 모자들 참 가관이로다!

족보에 대하여

불도그와 스피츠가
셰퍼드와 치와와가
같은 견공이란 사실에 나는 경악한다
등치나 생김새가 천양지판인 저놈들이
같은 종속이라니 믿을 수가 없다
차라리 양이나 토끼를 같은 족속으로
쳐 주는 게 더 낫겠다 싶다

그런데
고양이를 보면 으르렁거리던 불도그나 셰퍼드가
스피츠나 치와와 앞에서는 꼬리를 친다
그러니 그들은 자신들의 동족을 알아보는 모양이다

족보를 읽어 내는 저 신통한 감각
저 눈부신 후각
수만 년 인간의 노예로 살아온 그들이
주인인 사람보다 한 수 위다

사람들은 같은 혈족, 아니 가족들끼리도
으르렁대고 물어뜯는 수도 있는데 말이다

송사리들의 회의

어느 봄날 한낮
개울의 웅덩이에
몇 마리 송사리들이 모여
열심히 회의를 하고 있다

갑) 큰 웅덩이에는 은빛 비늘을 번쩍이며
우리보다 수십 배나 큰 놈들이 살고 있어
(아마도 큰 붕어나 잉어쯤 본 모양이다)
을) 입이 째지고 긴 수염을 단 괴상한 놈도 있지
(메기나 빠가사리 같은 놈들 얘긴가 보다)
병) 물 밖에서 우릴 엿보고 있는 긴 부리 새들을 조심해야 돼
(황새나 왜가리 혹은 물총새 들에게 먹히면 큰일이다)
정) 저 아래 강물 동네에는 별놈들이 다 살고 있어
(큰 강물 속에는 얼마나 다양한 어족들이 살고 있겠는가)
무) 물 바깥세상은 어떻게 생겼을까?

(물 밖에 얼굴을 내밀고 뭍의 풍경을 구경할 수
없으니……)

자신들이 본 것들을 놓고 온종일 구수회의를 해
봐도
개울의 맨 끝에는 거대한 물의 세상—바다가 있다는
것을,
그리고 그들보다 수만 배나 큰 고래가 살고 있다는
것을
그들이 어떻게 알 수 있을까?

더더욱, 지상의 산과 흐르는 구름
반짝이는 별들이 있는 세상을
그들이 어떻게 알아낼 수 있을까?

어떤 사람을 찾으세요?

1.

어떤 여자를 찾으세요?
물론 젊은 여자겠지요
얼굴이 예쁜 여자를 원하시나요?
몸매가 늘씬한 여자를 바라시나요?

얼굴도 얼굴 나름
눈이 맑은 여자
코가 오뚝한 여자
귓불이 도톰한 여자
입술과 이가 고운 여자
이목구비가 다 반듯한 그런 여자는 없습니다

몸매도 몸매 나름
목이 긴 여자
가슴이 풍만한 여자
허리가 가는 여자

다리가 곧은 여자
팔등신의 체격을 지닌 그런 여자는 드뭅니다

설령 얼굴과 몸매를 다 갖춘
그런 여자가 세상에 있다 칩시다
어디 당신 차례가 되도록
지금껏 무사히 남아 있겠습니까?

2.

어떤 남자를 찾으시나요?
물론 건강한 젊은 남자겠지요
몸이 좋은 남자를 원하세요?
능력이 있는 남자를 바라세요?

몸도 몸 나름
키가 큰 남자?

얼굴이 잘생긴 남자?
허리가 강한 남자?
손발이 큰 남자?
육신이 다 잘 빠진 그런 남자는 드뭅니다

능력도 능력 나름
돈을 잘 버는 남자?
권력을 거머쥔 남자?
학식이 대단한 남자?
명성이 자자한 남자?
모든 걸 다 가진 그런 남자는 없습니다

설령 늘씬한 몸매의 능력 있는 남자가 있다고 칩시다
그리고 그 사람이 당신을 그의 아내로 받아 준다면
많이 행복할 것 같습니까?

그날부터 당신은 그 사람의 종이 됩니다

제2부

줄과 빽

한마디

어느 시인은
소풍 한번 잘 왔다 간다고 하고

어느 철인은
꿈 한바탕 잘 꾸었다고 하고……

나는
무어라고 한마디 남기지?

"괜히 입맛만 버리고 가는가 보다!"

명장론名將論

장군은 자고로 담대해야 한다

필마단기匹馬單騎로 적진에 들어가 적군의 사기를 누를 수 있는

용맹스런 장수여야 아군의 기세를 드높여 승전의 고삐를 잡을 수 있나고 말한다

그런데 그러한 용장勇將을 누를 수 있는 자가 지장智將이다

제아무리 용맹스러워도 머리 좋은 상대에겐 못 당한다

적의 통로를 미리 알고 숨어 있다가 내리치면 제 무슨 수로 당할 수 있단 말인가?

헌데, 이러한 지장을 넘어뜨리는 상수가 있으니 그가 바로 덕장德將이다

덕장은 수하 장병들을 고된 훈련도 안 시키고 잘 먹여 기른다

그래서 장병들은 막사를 제집보다 더 좋아한다

이러한 소문이 적진에 스며들게 되면 전쟁은 끝이다
굶주린 적의 병사들이 스스로 병기를 내던지고 투항해 오기 때문이다

술집에서 몇 사람이 모여 이러한 싸움 얘기를 떠벌이고 있는데,
옆자리에서 혼자 술을 홀짝이고 있던 늙은이 하나가 끼어들며 하는 소리
"용장, 지장, 덕장…… 뭐니 뭐니 해도 복장이 제일이지!" 한다
"복장? 복장이라니요?" 하고 묻자, 그 노인 이르기를

"복을 타고난 장수, 복장福將 말일세!"
하늘의 운을 타고나지 않고서는 뜻대로 안 된다는 말씀이다

줄과 빽

국민들은 국방의 의무 운운하면서
군복무를 하는 것이 자랑스럽다고 하지만
비록 전시는 아니라 할지라도
자식을 군에 보낸 부모의 마음은 참 안쓰럽다

그래서 능력 있는 자들은 이 핑계 저 핑계를 만들어
자식을 군에 아니 보내기도 하고
대체代替 혹은 단기短期 복무로 때우기도 한다

군에 튼튼한 줄이나 빽이 있는 사람들은
후방이나 편한 병과에 배속되도록 손을 쓰기도 하지만
보통의 사람들은 전방에 배치된 자식들을
어쩌다 한 번씩 면회나 가서 위로할 뿐
속수무책 바라만 보고 노심초사한다

그러나 힘없는 서민들이여,
줄도 빽도 없다고 너무 기죽어 살 것 없다

스타킹 몇 켤레만 있으면 되느니
부대 앞 다방에서 차 한잔 마시며 마담을 잡으라
마담이 여의치 않으면 레지라도 붙드시라
그들이 그대의 좋은 줄과 빽이 되리니……

소비가 미덕이라고?

요즘 상품, 특히 전자제품들은
오래 쓰도록 견고하게 만들지 않는다

겉만 산뜻하게 꾸미고
속은 일부러 부실하게 만든다

복사기를 사용해 보면 안다
비싼 잉크 값으로 우려먹는 건 그렇다고 쳐도
겨우 2천 장 복사하도록 토너를 만들어 놓고
교체하려면 새 복사기 값에 육박하는 부품 값을 내란다
그러니 울며 겨자 먹기로 새로 구입하는 수밖에

100만 원짜리 스마트폰도
1년이 채 못 가 골동품이 되고
200만 원짜리 노트북도
2년이 채 못 가 폐기 처분이다
수천만 원짜리 자동차도 마찬가지

새로운 놈들 때문에 날마다 밀려난다

97년산 크레도스를 버리지 못하고
아직도 끌고 다닌 나로서는
이놈들 등쌀에 눌려
헉헉대고 있다

치매

과거를 잊어버린다는 것,
아쉬울 것도 같지만
우리 인생은 애초에 덤이었으니
과거를 잊어버린다 해도 별로 밑질 것은 없다

아름다운 추억이 우리를 즐겁게도 하지만
또 아픈 기억들이 얼마나 괴롭게 하는가

밝은 내일을 예상할 수 있다는 것은 기쁨인가?
그러나 죽음이 임박해 오는 사람에겐 내일이
얼마나 괴로운 고문이겠는가?

그런데 치매는
모든 기억과 의식으로부터의 해방이므로
불행이 아니라 축복일 수도 있겠다

기억력이 좋다고 뽐내는 사람들아
20년 전 오늘, 바로 이날의 점심을

어디서 누구와 함께 무얼 먹었는지 기억하는가?

그런 것 잊었다고 해서
불완전한 인생이 아니듯이
과거의 기억들 다 잊었다고 해서
크게 문제 될 것도 없다

어쩌면 과거를 지워 버린 이들은
매일매일 맑은 백지 위에
어린아이처럼 새로운 삶을 만들지도 모른다

하이에나

사자와 호랑이의 싸움판에
먹을 것이 남아 있나 없나
슬금슬금 기웃거리며 눈치나 보는 하이에나

사자의 편을 들다 호랑이에게 할퀴지나 않을까
호랑이 편에 서다 사자에게 밟히지나 않을까
슬금슬금 몸을 도사리고 숨어 있는 하이에나

사자와 호랑이들의 판이 끝나고 조용해지면
먹다 버린 들소의 뼈 몇 조각 차지하려고
숨었던 하이에나들 비로소 우르르 몰려나온다

그리고 덤벼드는 독수리 놈들과 자리를 다투며
뼈에 붙은 썩은 살점 찾기에 혈안이다
그래서 하이에나를 초원의 청소부라고 부른다

스스로 사냥도 못하고
눈치만 보고 기웃거리기만 하는

세상의 비겁한 하이에나들

혹시 우리의 몸속에도
그 하이에나의 피가
흐르고 있는 건 아닌지!

다리를 보다가

여름이 되자 더욱 드러난 소녀들의 다리가 시원키도 하다
어떤 놈은 늘씬, 어떤 놈은 짤막
어떤 놈은 두툼, 어떤 놈은 탱탱
곧은 놈, 흰 놈, 히연 놈, 검은 놈,
알통도 있고, 젓가락도 있다

우리는 얼굴을 보고 사람을 식별하지만
이목구비만 다른 게 아니라 사대육신이 다 다르다
마치 개인의 지문이 다 다른 것처럼

시력을 잃은 이들은 목소리를 듣고 사람을 알아보지만
시력과 청력을 잃은 이들은 어쩌면
손을 잡아 보고 사람을 식별할지 모른다

애초에 사람들이 얼굴을 다 가리고 종아리만 내놓고 살았다면

(아랍의 어떤 나라들은 여성들이 얼굴을 가리고 살지 않던가)
사람들은 종아리로 서로를 식별하고
체면體面 대신 체각體脚이라는 말이 생겼을까?

그렇게 되었더라면 미인들의 판도도 크게 달라져서
얼굴이 아닌 늘씬한 다리들이 천하를 지배했으리
세상의 성형외과들은 다리만 주무르고
이목구비는 돌아본 척도 안 했으리라

시원한 다리들을 보며 망상에 젖어
다리공화국을 꿈꾸면서
한여름의 무더위를 잠시 잊어 본다

신문 읽기

배달된 조간신문이 60쪽이나 된다
광고와 사진이 8할을 점령하지만
그래도 그놈을 다 통독하려면
하루 종일 매달려도 부족하리

여야가 싸운다는 정치면 기사
일자리가 없다는 사회면 기사
물가가 또 오른다는 경제면 기사
오늘도 어제와 오십보백보

어디서 무슨 사고가 나고
누가 어떤 짓을 하고……
이름과 장소와 시간만 다를 뿐
알아도 무방, 몰라도 무방

제목만 읽고 사진만 봐도
그 얘기가 그 얘기 짐작이 가
내가 신문을 독파한 시간은

단 5분이면 족하다

그러면서 왜 신문을 구독하느냐고?
거절하기 어려워 그렇기도 하지만
그래도 가끔은
읽을 만한 칼럼이 있기 때문—

사람 냄새

만약 몸에서 악취가 난다면
썩은 시궁창 냄새를 풍긴다면
누가 그를 반가워하겠는가?

혹 그가 만나자고 전화라도 하면
무슨 핑계를 대고 거절할 것이며
길을 가다 먼발치서 그를 보게 되면
몸을 숨겨 피해 갈 것이다

사람의 냄새도 가지가지다
돈의 냄새를 풍기는 사람
피의 냄새를 풍기는 사람
거만의 냄새도 있고
비겁의 냄새도 있다

그렇다고 역겨운 냄새만 있는 건 아니다
숭늉처럼 구수한 냄새도 있고
찌개처럼 알큰한 냄새도 있다

난초처럼 향기로운 냄새도 있고
매화처럼 청렬한 냄새도 없지 않다

그대에게서는 어떤 냄새가 나는지
궁금하신가?
그걸 아는 건 별로 어렵지 않다

시궁창에 들어갔다 나왔으면 시궁창 냄새
난초밭에 앉았다 나왔으면 난초꽃 냄새

그대의 냄새는
바로 그대가 만든다

길

'아침에 길을 찾으면 저녁에 죽어도 괜찮다' (朝聞道夕死可矣*)
고 했다던가?

차가 다니는 차도車道
사람이 다니는 인도人道

기차가 다니는 철로鐵路
배가 항해하는 선로船路
비행기가 나는 항로航路

물이 흐르는 수로水路도 있고
고기가 오가는 어로魚路도 있고
철새가 다니는 조로鳥路도 있다

세종로
태평로

칼을 쓰는 데도 길이 있고[劍道]
글을 쓰는 데도 길이 있고[書道]
차를 마시는 데도 길이 있다[茶道]고 한다

세상에 길은 많은데
어디로 어떻게 가야 할지
막막하기만 하다

* 『논어』.

살처분

철새들이 데불고 왔다는
AI라는 조류독감으로 세상이 온통 난리다

조류독감이 발생한 지역의 주변 3km 이내의
모든 농가의 닭과 오리들
수백만 마리들이 생매장되고 있다

아무 물정 모르고 구덩이 속에 들어가
매몰 처분되고 있는 저 무고한 생명들
그 아픔을 견디지 못해 자살하는
양계장의 주인도 있다

옛날에는 죽은 제왕을 따라 죽는
순장殉葬이라는 풍습도 있긴 했지만
병든 동료들을 따라 영문도 모르고 죽어야 하는
건강한 닭 · 오리들은 기가 막힐 노릇이다

그러나 한편 생각하면

결국은 사람에게 죽임을 당할 가금들의 운명이니
끓는 물에 튀겨져 육신을 뜯기는 것보다
차라리 땅속에 묻혀 썩는 편이 낫다고 할지 모르겠다

원통쿠나, 사랑하는 아이들아!

큰 강을 막아 거대한 댐을 만들고
땅을 깊이 뚫어 지하철을 건설하고
하늘 높이 마천루를 쌓아 올리기도 한
어른들의 손들도 무력하기만 하구나
니희가 탄 한 척의 뒤집힌 배를
서둘러 바로 세울 수가 없다니

세계에서 가장 선박을 많이 만든다는 나라
세계 제일의 IT 강국이라고 으스대는 나라
몇만 불의 GDP와 외환보유고를 자랑하는 나라
5천만의 적지 않은 인구를 가진 나라
이 나라의 어른들은 지금 속수무책
넋을 잃고 발만 동동거리고 있구나

많은 구조선과 구조대원들이 모여들고
모든 매스컴의 눈들이 진도 바다를 지켜보며
지상의 SNS와 통신망들은 아우성을 치고
각계 종파의 신앙인들도 제단 앞에 달려가

자신의 신들에게 무릎 꿇고 매달리건만
굳게 닫힌 물의 문을 열 수가 없구나

아직 채 자라나지 못한 이 나라의 새싹들아,
이제 막 피어나려는 사랑하는 꽃봉오리들아,
심해의 어둠 속에 떨어져 내린 우리의 꿈들아,
정녕 너희는 몽매한 이 사회를 일깨우는 경적인가?
어두운 이 나라를 밝히려는 횃불인가?
이 무능한 어른들을 용서치 말아 다오

돈에 관한 명상

돈이 세상을 어지럽힌다

그놈을 얻겠다고, 많이 가지겠다고
노동을 하고, 직업을 갖고, 사업을 벌이고
또 싸움에 전쟁까지 하기도 한다

돈, 화폐가 없던 시절엔
물건과 물건을 서로 주고받았다
곡식이나 과일과 야채를
베나 피륙 등으로 바꾸고
땅이나 사람을
소나 양 돼지 같은 가축들로
바꾸기도 하였으리라

그러다가
소금이나 금은 같은 보석들이
교환의 수단이 되기도 하면서
물건을 재는

자[尺]와 되[升]와 저울[衡]이 만들어지고
저자[市場]가 생겨났으리

그리고
주화가 지폐로 바뀌면서
은행이 세워지고 주식이 상장되고
재화를 축적하는 재벌이 등장하지 않았겠는가

세상을 이처럼 혼란케 만든 것은 돈이다
만약 돈이 없어진다면 세상은 어떻게 될까?

은행과 주식회사는 문을 닫고
모든 시장들도 거래가 중단되리라
연료를 공급할 수 없어 엔진들이 멈추게 되면
공장도 직장도 다 사라지고 말리라

그러면
사람들은 먹이를 구하기 위해

농촌과 어촌으로 밀려가게 될 것이다

그리하여
세상은 새로운 원시 농경사회로 되돌아가고
달팽이처럼 느림보가 된 사람들은
행복이 속도나 소유와는 무관함을 드디어 깨닫고
나무며 짐승이며 새들의 친구가 되리라

지상의 선장들은 믿을 만한가?

인천에서 제주를 향해 항해하던 여객선 '세월호'가
2014년 4월 16일 오전 8시 48분경
진도 근해에서 전복되었다
길이 145m, 폭 22m, 6800여 톤의 이 여객선은
360여 톤의 화물과 승객 476명을 태웠는데
탑승자 가운데는 수학여행 길에 오른
323명의 어린 고등학교 학생들이 있었다

5월 17일 현재 지금까지의 구조 상황은
구조 172명, 사망 284명, 실종 20명
그런데 문제는 선장이 승객들의 구조에 앞서
구명보트를 탔다는 사실에 세상은 크게 분노하고 있다
승객의 안위를 총 책임져야 할 사람이
소인을 저버리고 제가 먼저 탈출했다니
규탄을 받아 마땅한 형편없는 선장인 것은 분명하다

그러나 사람들아

바다의 이번 일이 그렇게 안타깝다면

잠시 지상의 일도 한번 생각해 보도록 하자

오늘날 이 사회의 목민관들은 살신성인 잘하고 있는가?

군수며 지사며, 구청장이며 시장이며, 장관이며 대통령이며

멸사봉공滅私奉公 희생적으로 잘하고 있는가?

한 회사, 한 단체, 한 기관의 장들은 한 점 부끄러움이 없는가?

자신이 착용한 구명대를 벗어 이웃에게 주고

자신이 점령하고 있는 구명선의 한 자리를

아랫사람에게 양보할 수 있는가?

사람들아 우리 각성하자,

지상의 목민관들은 물에 빠질 일이 없다고 방심하지 마라

그대가 몰고 가는 지상의 배도 전복할 수 있다

그렇게 되면

수만 아니 수십 수백만의 백성들이 도탄에 빠질 것이다
그리고 구명대도 띄울 수 없는 이 나라는 나락에 떨어져
수 세기, 아니 수천 년을 어둠 속에서 헤맬지도 모른다

21세기의 바다를 항해하는 지상의 선장 목민관들아,
그대를 믿고 한 배를 타고 가는 이 민초들의 안위를
한순간도 방심해서는 안 되리라

그런 나라

국경에 철조망이 아닌 포플러가 서 있는 나라

할 일을 잃은 검사나 경찰관 나리들이 노인들의 보행기나 밀어 주는 나라

국회의원들이 흰 머리카락을 날리며 자전거로 출퇴근하는 나라

가장 수입이 좋은 사람들이 예술가인 나라
(그림 한 점과 섬 하나를 서로 맞바꾸기도 하고
계관시인의 개런티가 기업인의 연봉을 앞서는)

공무원의 임용시험 과목이 시詩여서
시인이 아니고는 관료가 될 수 없는 나라

주 3일만 일하고 나머지는 빈둥대며 놀아도 되는 나라

기업인들이 다투어 사회에 재산을 헌납하는 바람에
모든 의료 혜택이 무상으로 제공되는 나라

한국의 드라마와 음악 그리고 예술작품들이 벌어들인 외화가
자동차와 전자제품 들의 수출 총액을 능가하여
과잉의 외화 보유고로 고민하는 나라

이민 신청을 해 오는 사람들이 밀려서
신설된 이민관리부의 실무자들이 땀을 빼는 나라

그리고 또 무엇이 있지?…… 참!
백성들은 총리나 대통령이 누구인지도 모르고 살아가는 나라

……………………………………

인류사략人類史略

인류가 직립을 하게 되면서
두 개의 앞발이 손이 되어 도구를 만들기 시작했다
이것이 문명의 출발이다

맨 처음 도구의 재료가 된 것이 돌
그래서 석기시대石器時代가 열렸다
그 다음이 쇠
그래서 철기시대鐵器時代가 세상을 지배했다
쇠가 돌을 이긴 것이다

(그다음 쇠를 누른 것은 무엇일까?)

놀라지 마시라, '나무' 다
나무로 만들어진 종이, 종이로 만들어진 책!
그 책들이 세상을 제패했다
그러니 우리가 사는 이 시대를
'목기시대木器時代' 라 이를 만하다

(그러면 다음에 올 시대는?)

그것은 뻔하다
책을 이길 놈이 차지할 것이 아니겠는가?

(무엇이 책을 이길까?)

컴이나 스마트폰 바로 전기—, 아니, 빛이다
바야흐로 '광기시대光器時代'가 시작되었다
한순간에 수많은 데이터가 유통되는 세상
머잖아 거대한 도서관은 박물관으로 주저앉고
서점의 진열대는 낡은 책들을 밀치고
새로 개발된 폰들이 자리다툼을 벌일 것이다

(그다음엔, 무엇이 빛을 이길까?)

.

.

.

광막한 어둠이 밀려오고 있다!

제3부

내가 좋아하는 여자

여자

봄엔
토끼나 강아지 같은
애완동물이었는데

여름엔
돼지나 소 같은
가축이다가

가을을 지나
겨울이 오면

늙은 사자나 곰 같은
이 빠진 맹수

안주를 기다리다

아흔네 살의 장모님께서
일흔세 살의 내 아내를
어떻게 부르는지 아십니까?

'아가' 입니다

그래서 그런지 지금도
된장 고추장은 말할 것도 없고
맛있는 것 생기기만 하면
광주에서 서울까지 택배로
사흘이 멀다 하고 보내옵니다

동창회에 다녀온 아내가
친구들 얘기를 합니다
어떻게 하는지 아십니까?

'그 애' 가 어떻고
'저 애' 가 어떻고 그럽니다

머리는 허예도
마음은 아직도 소녀인가 봅니다

광주서 올라온 병어로
아내가 부엌에서
안주를 마련하는 동안

나는 식탁에 앉아
되지도 않은 글을 시詩랍시고
이렇게 끼적거립니다

탓

김치냉장고에서 무거운 김치통을 들어내면서
아내가 도와 달라고 나를 부릅니다

김치통의 한 손잡이는 아내의 바른손이 잡고
또 다른 손잡이는 내 왼손이 잡고 꺼냅니다

기운 김치통을 보며 아내가 투덜댑니다
왜 반듯이 들지 못하고 기울게 드느냐고—

아내의 불평을 들은 내가 조심스럽게
수평이 되도록 통을 조절하여 들며 생각합니다

기울지 않게 드는 절반의 몫은 자기 것인데
왜 나만 두고 이리 불평이란 말인가?

제 탓은 모르고 남의 탓만 보는 것이
아무리 세상의 풍조라고는 하지만……

5월 8일

사막의 약대처럼
한평생 무거운 짐에 눌려
얼마나 등이 휘셨을까

그 나라에선
지금 평안하신가?

이 환한 봄날
꽃나무에 이마를 부딪고
목이 멥니다

어머니!

아내의 전화번호

따르르릉 따르르릉
전화가 걸려 온다

"권사님 계세요?"
"아니요, 외출 중입니다"
"핸폰 번호 좀 알려주시겠어요?"
"집사람 번호요?…… 잘 모르겠는데요!"
"네?"

나는 내 아내의 전화번호를 기억 못한다
016에서 010으로
KT에서 SK로(SK에서 KT든가?) 왔다 갔다 하면서
번호도 많이 바뀌어 헷갈리지만
요즘 단축 다이얼 덕분에
긴 번호 몰라도 상관없다
집이 1번, 아내가 2번,
그다음은 새끼들 순서대로 번호를 배정했다

번호를 물었던 사람은 속으로 그러겠지
제 여편네 번호도 모르는 등신이라고—

그렇지만 등신 소리 안 듣겠다고
난수표 같은 그 긴 번호를
이 복잡한 머리통 속에
어떻게 잘 모시고 다닐 수 있단 말인가?

아내의 고백

어느 날 저녁 식탁에 앉아
막걸리 한잔씩 기울이던 중에
아내가 고백하는 말

텔레비전이나 신문에 얼굴 크게 내민
잘 나간 여성들을 보게 되면
'저 여성들은 밥을 짓지 않겠구나!'
하고 생각한다는 것이다

그 말을 듣는 순간 머리가 띵했다
(내가 한평생 저 여인을
밥 짓는 하녀로 부렸구나!)

요즘 부인들이 퇴직한 남정네들 일컫기를
1식이, 2식이, 3식이 한다는데
나는 하루 세끼 거르지 않은 충실한 3식이

젊은 남편들은 음식도 잘 만들고
설거지도 다반사로 한다는데

부엌을 모르고 지내는 내가 얼마나 야속했을까?

그렇게 미안한 생각이 들면서도
문득, 한 작은 여인이 떠올랐다
이 좋은 세상 구경도 못하고 일찍 떠나간—

달빛에 겉보리를 찧어 껍질을 벗겨 내고
새벽에 우물에 나가 물동이에 물을 길어다
푸나무에 불을 붙여 무쇠솥에 밥 짓던 여인

공부 핑계 천 리 타국으로 떠나간 남편 대신
한평생 재봉틀 돌려서 시부모 공양했던
효부로 소문난 문화 류柳씨 내 어머니!

그분이 만일 천상에서 내려다보시다면
며느리의 고백을 듣고
무슨 말씀을 하실지……

협상

3평의 농장*을 분양받고
영농 계획을 세운다

어떤 작물을 길러
어떻게 수확을 올릴 것인가?

나는 상추를 심자고 하고
아내는 열무를 심자고 하고

상추는 흔해빠진 것이어서 사서 먹어도 된다 하고
열무는 벌레들이 많이 끼어 지키기 어렵다고 하고

설왕설래
두 사람의 의견이 분분하다

그래서 상추도 열무도 아닌
가지, 토마토, 감자, 고추…… 한참 고르다가

상추 절반, 열무 절반
그냥 다 심기로 했다

---

* 구청에서 주민들을 위해 7개월 동안 임대한 텃밭.

경로석

전철이나 버스에
경로석이라는 자리가 있다
80을 바라보는 나이에
그 자리를 넘볼 만도 하지만
나는 민망해서 피한다

그 곁에 서 있으면
스마트폰에 빠져 있는 숙녀나
명상에 잠겨 있는 청년에게
부담을 주는 것 같기도 해서—

그런데
내 아내는 나와 다르다
노인들이 서 있는데도
경로석을 점령하고 있는 젊은이를 보면
호통을 쳐서 일어나게 한다

한평생 선생질하며 살아온 나보다
한평생 집안일하며 살아온 아내가
더 교육자답다는 생각을 하면서도
나는 아내와 함께 외출하는 게
늘 조마조마하기만 하다

청문회

헌재소장 후보자 국회청문회로
온 나라가 떠들썩하다

그럴 리야 없겠지만
내가 만약 청문회에 불려 나간다면

수뢰
횡령
투기
병역
위장전입
……
이러한 그물들을 무사히 빠져나갈 수 있을까?

나는 그동안 권력의 자리에 앉은 바도 없고
굴릴 만한 돈을 지닌 적도 없었으니
수뢰 횡령 투기로부터는 자유롭다
나와 두 아들 또한

국방의 의무를 다했으니 떳떳하다

하지만 나도 걸릴 것이 하나 있다
고백건대 바로 위장전입이다

내 의사와는 상관없이 아내는
네 아이의 초등학교 입학 때문에
철새처럼 여러 곳을 옮겨 다녔다

그러니 나도 자격 미달!

세상의 아내들은
제 남편이 장차 청문횟감이 될 줄도 모르고
그렇게 배짱을 부려 망치는 수도 있다

내가 좋아하는 여자

나는 아담한 여자가 좋다
160을 넘지 않으면
내가 쳐다보지 않아도 되므로
편안해서 좋다

날씬한 몸매보다는
약간 볼륨이 있는 여자가 좋다
어쩌다 함께 넘어져도
안전할 것 같아 마음이 놓이므로

20대의 발랄한 처자보다는
눈가에 주름도 몇 개 고이고
머리에 백발도 몇 개 빛나는
그런 중년의 여인이 좋다
무슨 말을 해 주어야 할까
고민하지 않아도 되기 때문

토라지기 잘하지만 쉽게 풀리고

눈물도 많지만 웃기도 잘하는

그리고

너무 깔끔하지 않고

너무 영리하지 않는

그런 여자가 나는 좋다

미스 백 찾기

벌써 며칠째다
미스 백의 행방이 묘연하다
전화도 불통, 메일도 열어 보지 않는다

어디로 잠적한 것일까?
혼자 사는 그녀
어느 유부남과 눈이 맞아
외딴섬으로 도망이라도 친 걸까?

아니,
불의의 교통사고라도 당해
어느 병원의 응급실에 실려 가
인사불성인 상태는 아닐까?

아니,
혹 강도가 침입해서
그녀를 결박해 놓고
테이프로 입이 봉해진 채

자신의 방에 감금되어 있는 건 아닐까?

어떡하지?
주소를 확인해서
그녀의 집엘 찾아가 본다?

그러는 수밖에 없다고 생각하며
주소를 찾고 있는데
휴대폰이 울린다

"선생님, 웬 전화를 그렇게 많이 하셨어요?"
미스 백이다
"아니, 어떻게 된 일이야?"
"어떻게 되긴요?"
"전화도 안 받고……"
"스마트폰이 고장 나서 AS센터에 맡겼는데 며칠 걸렸어요."
"그런데 메일은 왜 안 열어 봤지?"

“메일도 스마트폰으로 읽거든요.”

알고 봤더니 미스 백은
스마트폰 속에서 실종된 것이었다

복집에 갔다가

몸살감기를 앓고 있는 아내의
잃은 입맛을 찾게 하려 복매운탕집엘 찾아갔다

이른 저녁이어서 그런가
변두리 복집이 조용하다

황복 8,000원
까치복 17,000원

내 형편을 잘 아는 아내가
황복매운탕 2인분을 주문한다

까치복을 먹어 볼걸 그랬지 하는 내 말에
그 복이 그 복이지 뭐, 값만 비싸지……
아내의 대답이다

아내는 매운 국물을 훌쩍이며 밥을 먹고
나는 소주를 홀짝이며 미나리를 건져 먹는다

허연 복어 살 몇 점 둥둥 떠 있는데
아내는 안주를 하라며 내 그릇에 연방 떠 놓고
나는 아직 많다며 아내 그릇으로 옮겨 놓는다

드르르 문이 열리더니
모처럼 손님이 들어온다
두툼한 남자와 매끈한 젊은 여자다

채 자리도 잡기 전에
젊은 여인이 큰 소리로 주문을 한다

사시미 하나! 수육 하나!
그리고 샤브샤브!

(복도 수육이 있나 보다)

우리와는 급수가 다르다
갑자기 풀이 죽은 나에게

아내가 위로하듯 말한다

저들은 어쩐지 부부 같지 않다고……

광화문 비각 앞에서 사람 기다리기

광화문 네거리 교보빌딩 앞, 비각 앞에서 사람을 기다린다

가세가 기운 집안의 양반처럼 기가 죽은 듯 웅크리고 있는 비각,

고종이 대한제국으로 국호를 바꾸고

황제의 칭호를 쓰게 됨을 기념하기 위해 세웠다는 유서 깊은 건물이다

비각의 주위에 세워진 낮은 철제 울타리를 따라

왔다 갔다 하면서 한 사람을 기다린다

미국 서부에 자리 잡아 살고 있는 교포 여인,

몇 년 만에 모처럼 고국에 나왔는데, 나를 보고 싶다고 전화가 왔다

지금 어디에 있는가 묻기에, 교보문고라고 했더니 바로 오겠다고 했다

분당에서 광화문까지 오려면 두 시간쯤은 걸릴 텐데 하면서도,

나는 넓은 서점을 몇 바퀴 돌면서 쓸데없는 책들 뒤

적이며 시간을 죽이기로 했다

그런데 젊은이들이 북적대고 있는 복잡한 이 서점 어느 코너에서 그녀를 만난다?

서점 한 귀퉁이에 간이 카페가 있기는 하지만

이미 청춘남녀들이 다 자리를 점령하고 소란스럽기 짝이 없다

차라리 호텔의 커피숍에서 만나잘걸 그랬구나 하고 후회가 되었다

답답해서 밖으로 뛰쳐나와 만날 장소를 물색해 다시 알리려 하는데,

내 눈앞에 옛 친구 같은 친근한 집이 한 채 나타났다

비각이다

아, 이곳에서 만나 적당한 음식점으로 이동하면 되겠다는 생각이 퍼뜩 들었다

그래서 서점에 들어가지 말고 비각 앞에서 만나자고 문자를 날렸다

동아일보사 전광판에서 4시를 알리는 문자가 번쩍

인다

두 시간이 지났으니 지금쯤은 도착할 시간이 되었는데 아직 소식이 없다

횡단보도의 시그널이 수도 없이 바뀌고

사동차와 사람들이 번갈아 가면서 도로를 점령하고……

건널목에서 피켓을 들고 1인 시위를 하던 사람도 자리를 뜨고,

노랑 깃발을 든 안내원 따라 충무공 동상 앞에서 줄을 서 있던

외국인 관광객들도 이젠 눈에 띄지 않는다

광화문 저쪽으로, 책을 펼치고 있는 세종대왕의 좌상에도 불빛이 들어왔다

고층 건물의 유리창들도 환하게 불을 밝힌다

레온이 들어오고, 전광판들의 명도가 더욱 선명하게 반짝인다

아마도 5시는 넘은 것 같다

공부하러 미국에 건너갔다가 그냥 주저앉았다는 아담한 여성,

아들 하나 기르며 당차게 살고 있는 엄마,

반가운 사람을 만나면 남의 시선 의식하지 않고 껴안기도 한 열정적인 사람,

이미 몇 권의 시집도 내고, 소설도 쓰고 싶다는 야망을 지닌 문인,

4년 전에 보았는데 그동안 얼마나 변했을까?

땅거미가 내리기 시작하고 자동차의 전조등이 켜지고 있다

지나가는 사람들의 얼굴이 어둠에 무너지기 시작한다

어쩌지?

스마트폰이 울린다!

제4부

나를 너무 띄우지 마라

꿈

지난밤 밤새도록
내 유년의 산과 들을 헤맸다

저 허황된 환영幻影
꿈은 도대체 무엇인가

어떤 이는
'꿈' 에서 깨어나라고 하고

또 어떤 이는
'꿈' 을 가지라고도 하고

헛된 욕망도 꿈
푸른 소망도 꿈

꿈의 의미도 참
알쏭달쏭이다

어디나 타향

나는 청주에서 17년을 지냈지만
청주를 잘 모른다
매일 숙소 원룸에서 학교 연구실만 오가다가
주말이면 다시 서울 집으로 기어오르는
다람쥐 쳇바퀴 굴리는 삶이었기 때문

나는 서울에서 반세기 넘게 살았지만
서울을 잘 모른다
주로 우이동 몇 시인들과 어울려
산이며 주막이나 오르내렸을 뿐
별로 시내 나들이를 즐겨 하지 않았기 때문

가끔 지방에서 올라온 분네들이 내게
지하철이며 버스 노선을 물을라치면
난감하기 이를 데 없다

하기야
한평생 함께 살아온 아내며

매일 열심히 씹어 삼키는 밥맛이며
들어가 살고 있는 이 몸뚱이도
잘 모르겠으니……

세상이 온통 낯선 타향이다

1호차를 몰던 때
— 내 죽마고우 S군의 독백

내 생애의 황금기는 스물한 살 적의 군대였지!

상병인 내가 한 계급 올려 갈매기 계급장을 붙이고
38구경 리볼버 권총을 (빌려) 차고 영내를 주름잡았지
위병소의 병장 · 하사들도 내 앞에서는 벌벌 기었지
말똥 세 개짜리 연대장의 1호차 운전병이었으니까

주말에 으스대고 피엑스에 들어서면 술렁거렸지
상품 진열대를 기웃거리다가
새로 들어온 초콜릿 상자라도 보이면 추켜들었지
그러면 판매 담당병이 달려와 매달리며
선임하사께서 외상 주지 말랐다고 애걸복걸했지

피엑스 외상장부에 달린 내 외상값이
봉급의 30배를 넘었으니 그럴 만도 했지
(상병의 봉급이래야 겨우 180원에 불과했지만)

그렇지만 난 시치미를 떼고
각하님 사냥*에 가져가실 거라고 공갈을 치기도 하고
서울서 내려오신 사모님** 부탁이라며 둘러대기도 했지
지프차의 운전석 밑은 늘 내 노획물로 가득했었지

제대 말년엔 말뚝을 박을까*** 어쩔까 잠시 망설이다가
고향 마을 순이 생각 때문에 그냥 때려치우기는 했지만
나도 한때는 떵떵거리며 깃발 날리던 적이 있었지

* 사냥 : 연대장은 멧돼지며 고라니 사냥을 즐겨 했다.
** 사모님 : 연대장 부인.
*** 말뚝 박다 : '직업 군인이 되다' 의 속어.

약이 주식이다

나는 아침과 저녁뿐만 아니라
수시로 약을 먹고 살아간다

혈압약에 심장약은 그렇다 치더라도
홍삼즙, 느릅나무 환약, 비다민에
종류도 알 수 없는 각종 영양제들……

약 자셨소?
아내의 확인에 가끔 헷갈리기도 한다
오늘 치를 먹었는지, 안 먹었는지
(요일별 약상자에 넣어 놓고 먹지만
어떤 날은 빼먹고 지나치는 수도 있다)

약 자셔요!
매일 아내의 중요한 일과는
내게 약 챙겨 멕이는 일이다

밥은 적게 먹으라 하고

약은 많이 멕이니
내게는 약이 주식이고
밥은 부식인 셈이다

아니, 밥 먹기 전에
매실주 한잔씩 하니
내겐 술이 부식이 되고
밥은 간식인 셈이다

세상에 내편은 없다

누가 그대의 친구인가?
누가 그대의 우군友軍인가?
목이 떨어져도 생사를 같이할 만한
문경지우*를 그대는 가졌는가?
그런 친구는 세상에 없다

내 몸을 세상에 내놓은 부모도
내 몸에서 태어난 자식들도
경우에 따라서는 내편이 아닐 수도 있다
친족 간에 소송이 걸리기도 하고
목숨까지 서로 엿보기도 하지 않던가?

고립무원**!
세상은 적들의 소굴이다
눈에 보이지도 않는 수많은 세균들이
호시탐탐 우리의 육신을 노리고 있는 것처럼

보이지 않은 곳에서 은밀히

서로를 향해 총구를 겨누고 있는
사랑하는 우군들이여!
이젠 그만 장전***을 풀도록 하자!

---

* 문경지우刎頸之友 : 서로를 위해서라면 목이 잘린다 해도 후회하지 않을 정도의 사이라는 뜻으로, 생사를 같이할 수 있는 아주 가까운 사이, 또는 그런 친구를 이르는 말.

** 고립무원孤立無援 : 홀로 되어 도움을 받을 데가 없는 상태.

*** 장전裝塡 : 총포에 탄알이나 화약을 재어 넣는 일.

백비白碑

중국의 어느 황제는
그 공적이 너무 많아
아예 백비를 세웠다고 한다

나도 이 세상 본 것들
종이 위에 끼적거리다
너무 번거로워

오늘 밤엔
그만 입을 다물고
백지白紙로 남겨 놓으려 하다

그것도 못 참고
이렇게 '백비' 라는 글로
세상을 어지럽힌다

가을 맛

소소한 가을 밤나무 밑에 앉아
바람 기다리는 일도 괜찮아라

지나가는 바람에 우두둑
밤 떨어지는 소리 듣는 것도 좋아라

떨어진 아람 주워 가며
빈 주머니 채우는 맛도 오져라

그리운 사람 생각하며
바람 기다리는 한나절도 삼삼해라

습음*

숟가락을 들 줄 알면서부터
나는 조부님과 겸상을 했다

삼대독자 종손이었기에
반찬거리라도 좀 얻어 먹일 배려였으리

약주를 즐기셨던 조부께서는
며느리가 빚은 보리소주를 반주로 드셨다

보깨 뚜껑에 맑은 소주를 따라 자시기 전에
내 입술에 적셔 주셨는데

온 상을 찌푸리는 어린 손자를 보고
껄껄껄 웃으시던 조부님

그렇게 일찍 조부님께 술을 익힌 때문인지
나는 아직 크게 주정을 하진 않는다

* 습음習飮 : 술을 익힌다는 적당한 말이 없어 궁여지책으로 만들어 본 말.

농협과 우체국

농협은 돈을 거래하는 금융기관
우체국은 우편물을 취급하는 유통기관
두 기관이 하는 일은 엄연히 다른데
왜 나는 가끔 이 두 곳을 혼동하는지 알 수 없다

어제의 일이다
시수헌* 가는 길에 우편물을 부치겠다고
새로 개점한 '그곳' 에서 부치면 편할 것이라고
집에서부터 생각하며 성큼성큼 걸어갔다

산뜻한 유리문을 밀고 들어섰더니
아침이라 손님도 없어 번호표를 뽑아 든 나를
바로 데스크에서 부른다

"등기로 부쳐 주세요!"
우편물을 내밀며 말하는 나를
창구의 아가씨가 어리둥절 쳐다본다
"우체국으로 착각하신 모양이군요!"

그러고 봤더니 내가 서 있는 곳은
우체국이 아닌,
즐비하게 입을 열고 있는
NH농협 창구들이었다

얼마 전에는
우체국에 들렀다 현금출납기가 있기에
카드를 집어넣고 작동을 해 보았으나 불통이었다
데스크에 엉금엉금 다가가서
'거래내역조회' 가 안 된다고 불평을 했더니
카드를 받아 든 직원이 말하길
"이건 농협카드인걸요!" 했다

농협과 우체국
내 머릿속에서는 왜 이 두 기관이
입력의 혼란을 일으킬까?

신발장 속에 휴대폰을 넣어 두었다든지

한밤중 냉장고를 열고 소변을 보았다든지
하는 사람의 얘기를 듣고 웃었더니
이젠 내가 남들을 웃길 것 같아 씁쓸하기만 하다

농협과 우체국…… 하기야
우체국도 금전 유통을 취급하니
농협과 공통점이 없지 않기는 하다!

---

* 시수헌詩壽軒 : 우이동 시인들 사랑방, 월간 『우리詩』 사무실.

나를 너무 띄우지 마라

나도 가끔 백일몽에 빠진 경우가 없진 않다

그럴 가능성은 전혀 없지만
내가 만일 세계적인 명성을 얻게 된다면……
예를 들어 그 위대한 노벨상이라도 타게 되어
하루아침에 내 팔자가 180도 달라진다면
내 인생이 더 행복해질까?

국내외의 수많은 출판사들은
내 책에 대한 출판권을 따내려고 아귀다툼일 것이고
여기저기 대학에서는 내 강의를 듣고 싶다고
시간을 내 달라며 줄을 설 것이며
해외의 세미나들은 그들의 위상을 높이려고
나를 초대하기 위해 혈안일 것이다

어디 그것뿐이겠는가?
밖에 나가면 내 얼굴을 알아본 시민들이
나를 에워싸고 쉽게 놓아주질 않을 것이며
내 집 앞엔 나의 일거수일투족을 보도하기 위해

수많은 취재진이 늘 장사진을 치고 있을지 모른다

그렇게 되면 나의 일과는 어떻게 진행될까?
몇 명의 비서진이 내 일정을 조정하고
그들이 만든 스케줄에 의해 나는 움직일 것이다
그들이 선택한 모임에 나가
그들이 만든 연설문이나 축사를 읽고
그들이 선택한 명사들을 만나
인류 평화와 자선에 대한 그럴듯한 담론을 나눌 것
이다

온종일, 아니, 수주일, 수개월, 수년을
나를 잃어버린 이러한 삶이 행복할 것인가?

그래서 나는 유명해지지 않기로 결심했다
나를 띄우지 마라! 나를 건드리지 마라!
나의 소망은
어느 꽃집의 고운 아가씨나 하나 점찍어 두고
아침저녁 혼자 오르내리면서 바라보고 싶을 뿐이다

숙맥

지금도 그렇지만
나는 참 숙맥이었다

부끄럼도 잘 타고
비위찡도 없었다

어느 한가위 명절에
내게 들어온 생어물 한 짝
내가 먹기는 과분해

스승의 댁에 넣어 드리고
문 밖에서 그냥 돌아왔다

누가 보냈을까
스승은 무척 궁금했으련만

내가 보냈다는 말을
차마 전하지 않았는데

굳이 드러낼 게 없다고
그렇게 생각했던 모양이다

30대의 일이다

토련을 심어 놓고

저 궁남지*나 관곡지** 같은
수만 평의 연밭을 바라보며 살
그런 형편이 못 된 나는
우리 집 뜰에
수십 포기의 토련土蓮을 심어 놓고
그놈들을 바라보며 지낸다

내가 즐기는 것은 꽃 대신 잎,
그러니, 토련이 결코 연에 밀릴 것도 없다
연잎은 위성안테나처럼 둥글지만
토련 잎은 방패처럼 갸름할 뿐
비를 받아 물 구슬을 만드는 재주는
그놈이나 이놈이나 다를 바가 없다

물에 젖지 않은 저 오만한 청렬,
결코 타협을 모르는 거부의 기개,
심심하면 그들의 넓은 잎새 위에
물뿌리개로 물을 쏟아 대며

물 구슬 굴리는 놀이를 하다가도
그만 내 기가 꺾여 멈추고 만다

그가 얼마나 대단한 기개를 지녔는가는
꽃을 피우는 일을 보면 짐작이 간다
연은 화사한 꽃을 헤프게 피워 보이지만
토련은 소박한 꽃을 쉽게 만들지 않는다
한평생 토란밭을 일구며 사는 농부도
꽃을 못 만나 보고 떠나기도 하니까

---

* 궁남지宮南池 : 충남 부여읍 동남리에 위치한 백제 사비시대의 궁원지宮苑池.

** 관곡지官谷池 : 경기도 시흥시 하중동에 자리한 연밭.

내 집필실

내 글 친구들은 멋스럽게 산다

오피스텔에 아담한 집필실을 만들기도 하고
수십 평의 화사한 연구실을 갖고 있기도 하고
전원에 별장을 두고 한가하게 글을 쓰기도 한다

나도 집에 서재가 없는 바는 아니지만
쌓인 책들 사이에 컴을 올려놓을 자리가 마땅찮아
아예 거실 마루에서 죽치고 지낸다

이 공간이 집필실이며 때로는 응접실이다
세 식구에 찾아오는 손님도 없으니
크게 불편할 것도 없다
책들로 세 벽이 가려 있어 서재나 다름없고
뜰을 내다볼 수 있어 숨통이 트이는 자리다

나도 오피스텔 하나 얻어 나가볼까 하다가도
글 값도 못 버는 주제에 무슨 사치인가 싶어

그냥 이대로 버티기로 한다

그래서 내 글 속에는
주방의 된장국 냄새며
아내의 전화 사설이며
텔레비전의 소음이며
다 스며들어 있다

제5부

시는 꼭 고상해야 하나?

그런 시

잘 익은 과일처럼 향기로운 시

보고 난 뒤의 명화처럼
한동안 가슴을 파고드는 시

쫀득쫀득 씹을수록 맛이 나는
인절미 같은, 오징어 같은 시

여름날 먼 길을 가다 만난 큰 느티나무 그늘처럼
그 나무 곁 맑은 샘물처럼 시원한 시

보름날 밤 굿판의 사물 가락처럼 신명 나고,
술독 용수 속 동동 뜬 동동주처럼 거나한 시

아니면
한입 잘못 베어 물면 입천장이 홀떡 벗겨지는
잘 삭힌 홍어처럼 그렇게 매콤한 시

책들이 나를 뭉갠다

전에 읽었던 책들이
어제 읽다 만 책들이
나를 괴롭힌다

읽어야 되겠는데
미처 못 읽은 책들이
빚처럼 나를 무겁게 한다

곁에 쌓아 두기만 하고
아직 읽지 못한 책들이
내 멱살을 잡고 흔들어 댄다

좁은 서재를 넘어
거실까지 점령한 책들
쌓여 있는 말들이

빚쟁이처럼
나를 누른다
조인다, 뭉갠다

시상詩想

모처럼 찾아온 그를
막 맞으려 하는데

따르릉
울리는 전화벨 소리……

몇 마디 주고받다
되돌아오면

어디로 갔지?
그 귀한 손님

내 시를 찾아가다가

「마누라 음식 간보기」란 내 글이
담양의 어느 떡갈빗집에 크게 걸려 있다는 소문을 듣고
모처럼 고향 내려가는 길에 찾아갔더니
몰려드는 손님들로 문전성시다

얼마나 기다려야 되느냐고 안내원에게 물었더니
50분도 더 넘어야 한다는 대답이다
점심시간이 훨씬 지났는데도 이리 붐빈 걸 보면
이 집의 남다른 비결이 있긴 있는 모양이다

일정에 쫓겨 그 집의 갈비 맛도 못 보고
되돌아오면서 차 속에서 생각한다
음식 맛도 음식 맛이겠지만, 어쩌면
시가 걸린 집이어서 세상의 구미를 당긴 건 아닌지—

걸린 시의 작자가 찾아왔다고 주인에게 밝혔다면

혹 자리를 얻을 수 있었을지도 모른다고
아내는 투덜거리고, 아들 녀석은 농담 삼아
무단 게시에 대한 저작권을 운운하기도 하지만—

시가 밀려나고 있는 삭막한 이 시대에
손님들로 하여금 시를 생각하게 하는 그 주인이
얼마나 갸륵한 마음을 지녔는가?
고마워해야 할 것만 같다

시는 꼭 고상해야 하나?

시는 꽃처럼 아름다워야 하고
시는 과일처럼 향기로워야 하고
시는 어린애 볼처럼 부드러워야 하고
시는 귀부인처럼 우아해야만 하나?

아름답진 않아도 정겹고
향기롭진 않아도 구수하고
부드럽진 않아도 따스하고
우아하진 않아도 소박하면 안 되나?

아니,
타령처럼, 만담처럼
해금처럼, 소리처럼
소주처럼, 아편처럼
작부처럼, 오입처럼
황홀하게 빨려드는 그런 시는 안 되나?

어금니에 달라붙은 갱엿 같은

여름날 학질 쫓는 소태 같은
날된장에 혀를 쏘는 풋고추 같은
입천장이 홀랑 까지는 홍어찜 같은

한입 베어 물면 눈물이 핑 도는
그런 시는 안 되나?
왜 안 되나?

베스트셀러 작전

내가 공들여 쓴,
시인을 만드는 책『시와 시인을 위하여』가
몇 년을 벼르고 벼르다 드디어 출간되었는데
세상이 거들떠보지도 않는다
이를 민망히 여긴 시원詩苑의 학사學士들이
저마다 한 가지씩 묘책을 내놓는다

먼저 P 시인이 농담 삼아 이르는 말
자기가 지하철 외판원으로 나서보겠단다
상계동 어느 교차로 목 좋은 곳을 점찍어 뒀는데
거기서 외쳐 대면 몇백 권쯤은 금방 나갈 거라는 얘기다

이를 받아서 H 시인은
인터넷에 올리자는 것이다
페이스북이며 트위터에 몇 사람이
그럴싸하게 포장을 하여 선전을 펼치게 되면
수백이 아니라 수천 부는 거뜬히 팔릴 거라는 장담이다
그러자 Y 시인은 다단계 전략을 내세운다

한 사람이 두 권씩 구입하여 두 사람에게 나누어 주면서
그들도 두 권씩 사서 다시 두 사람에게 나누어 주도록 하면
몇 단계 가지 않아 수만 권이 팔릴 것이니
금방 베스트셀러 대열에 낄 거라는 주장이 아닌가?

이러다간 시 공부하는 선량한 사람들을
모두 팔자에 없는 앵벌이로 만들고 말 것만 같다

사람들아,
시인을 만드는 책,『시와 시인을 위하여』를
너무 많이 팔지 말자!
만약 세상 사람들이 너도 나도 다 시인이 되어
이 나라가 온통 시인공화국이 된다면
G.N.P.는 떨어지고,
쓸데없는 말들만 홍청거릴 것이니
도대체 그 책임을 누가 진단 말인가?

시에 대해?

시는 꾸밈이라고 일러 주다가
시는 벌거벗는 것이라고 말한다

얼마 전에 내 글을 놓고
이느 세미나에서 설왕설래 도론을 했다던가?
말이 토론이지 규탄을 한 모양

보나 마나
일상의 시답잖은 얘기들을
그냥 내뱉는 것도 시냐고
그렇게 성토를 했을 게 뻔하다

시인들아,
그럼 그대들이 쓰고 있는 시라는 글은
금은보화라도 주렁주렁 매달고 있는
무슨 금과옥조의 고담준론이란 말인가?

아니면 이 사바의 난세를 격파할

무슨 만고불변의 비의秘意라도
품고 있단 말인가?

한 백 년쯤 지나면
내가 내뱉는 개똥 같은 이 말들이나
그대들이 정성껏 빚은 그 보석 같은 글이나
글쎄, 누가 거들떠나 보게 될지……

그러니 피장파장
술이나 한잔하고
노래나 한 자락 부르세!

참,
노래할 줄 아시는가?

가벼움을 위하여

평생 짊어지고 온 시詩가
어깨를 누르는 짐이다

감각은 무디고 힘은 부치니
해법은 덜어 내는 일

무거운 은유도 피하고
어두운 상징도 벗는다

활유活喩의 수다도
대우對偶의 절제도
눈부신 역설도
번득이는 풍자도

다 내보낸다

아니,
운율韻律의 신명도

구성의 비결秘訣도
다 버린다

그러면 무엇이 남느냐고?

글쎄,
지워지지 않는 슬픔 몇 개
솔바람 한 자락만
지고 갈까?

시에 대한 문답

시 한 편 쓰는데 얼마나 걸리나요?

글쎄, 하루 만에 되는 것도 있지만
대개는 며칠씩 걸리지요
어떤 것은 몇 년을 두고 다듬기도 하고요

시 한 편 값이 얼마나 되나요?

때로는 한 10만 원 받기도 합니다만
대개는 그냥 공짜인 경우가 많습니다

시집을 출간하면 수입은 좀 있겠지요?

수입이요?
보통의 시인들은 자비출판을 해서
친지들에게 그냥 나누어 주지요

아니, 그런 시를 왜 쓰고 있나요?

글쎄요, 나도 잘 모를 일입니다
아마도 세상물정에 어두운
멍청한 족속들이지 싶습니다

어떤 사태

가난한 한 학자의
목조 가옥이 무너졌다

무거운 서재를
한 30년 지고 버티던 기둥이
늙어 그만 주저앉은 것이다

책이 집을 허물다니!

지상에서
쓰러지는 것들 가운데
가장 눈부신 풍경이다

제6부

불에 관한 명상

오봉五峰 · 2

성장을 한 다섯 암봉들이
허공을 건넙니다

갑옷을 두른 장군봉이 선봉
그 뒤를 동자봉이 따르고

문관봉과 승려봉이
중앙에 나란히 걷습니다

저만치 우익의 끝에는
처사봉이 서둘러 닫습니다

오봉五峰 · 3

제1봉 장군봉은
거북이 등 같은 갑옷을 두른 무관

제2봉 동자봉은
이른들 틈에 끼어 뱉은 걸음으로 따라갑니다

제3봉은 삿갓을 벗은 문관봉
제4봉은 바랑을 짊어진 승려봉

제5봉 처사봉은 무엇이 급한지
저만치 앞서갑니다

풍경

집의 처마 끝에 풍경風磬을 달았더니
바람이 찾아올 때마다 핑그렁 핑그렁 운다

한밤에 깨어 그 소리를 들으면
여기가 문득 깊은 산속 절간 같다

소의 머리에 워낭을 다는 것처럼
남명*은 옷고름에 쇠방울을 달았다

소리가 그렇게 울타리가 되기도 하고
때로는 그렇게 끈이 되기도 하나 보다

* 남명南冥 : 조식(曺植, 1501~1572). 조선 중기의 학자. 거동을 삼가기 위해 방울을 매달고 다녔다고 함.

능소화처럼

시들기 전에 떨어지는 꽃도 있다
지는 능소화를 보면
열아홉에 투신한 낙화암의 궁녀들 같다

사람은 왜 나이 들면 추해지는가?
저 주름투성이의 얼굴
구부러진 허리
이는 빠지고
눈도 귀도 만신창이구나

나이 들어갈수록 예뻐지면 왜 안 되는가?

가장 영근 열매가 윤기가 나듯
소년보다는 청년이
청년보다는 장년이
장년보다는 노년이 더 아름다워지도록
왜 그렇게 만들지 않았을까?

아흔아홉, 혹은 백
미의 최고 절정에 이른 순간
세상의 찬미 속에서
능소화처럼 뚝 떨어지게

인생을 그처럼
슬프도록 아름답게
왜 그렇게 만들지 않았을까?

바보야, 바보야, 그것도 몰라?
노인이 그렇게 예뻐 봐
누가 젊어서 결혼들 하려고 하겠어?

멜론

식탁 위에 놓인 멜론을 들여다보다 문득 놀란다
지구처럼 둥근 표피가 무수한 그물을 입고 있다
마치 인공위성에서 내려다본 뒤얽힌 산맥이다

천년 고도古都의 복잡한 도로망 같은
해부학 교실에서 본 혈맥의 투시도 같은
굵은 삼베 천으로 도배를 한 타조알 같은

저것은 무엇이란 말인가?
영양소를 공급하는 통로인가?
외부의 무단 침입을 방어하는 울타리인가?

길인지, 성벽인지 가늠할 수가 없다
보는 이의 눈을 헷갈리게 하는
마법의 유리구슬 같은 저 과일

감추어 놓은 비밀을 풀기 전에는
칼을 대지 말라는 경고 같은

어느 별나라 선녀가 놓고 간 판도라 같은

저놈을 노려만 보고 있다가……
(하룻밤 자고 났더니 행방불명이다
아내가 손자에게 보내 버린 것 같다)

마늘

아침 식탁에서 젓가락으로
생마늘을 집으려 하다 멈칫거린다

껍질이 벗겨진 채 냉장고에 넣어 둔 마늘 알맹이들이
일제히 푸른 싹들을 달팽이 너듬이처럼 내밀었다

그 추운 냉장고 속에 갇혀 있으면서
무슨 생각들을 한 것일까?

비록 춥기는 하지만 깜깜하고 촉촉하므로
흙 속에 묻힌 것이라고 착각을 한 것일까?

아니면
봄이 왔는데……나는 아직 살아 있다고,
인간들을 향해 항의의 주먹들을 내미는 것은 아닐
까?

저놈들을 땅에 묻으면

마늘로 잘 자라날까 어떨까 생각다가

그만 밥맛을 잃고 말았다

솔

솔은 대, 매화와 함께 세한삼우의 하나로
예부터 기림을 받아 온 귀한 나무다

송주를 담가 제주祭酒를 마련키도 하고
송편을 빚어 조상을 심기기도 한다
송기*는 보릿고개를 넘는 구황救荒 식품이요
송명**은 어둠을 밝히는 횃불이다
솔의 몸통은 기둥과 들보의 자리에 놓이고
송판松板은 마루가 되기도 한다

겨우살이가 소나무 높은 가지에 매달리면 송라松蘿
담쟁이가 소나무를 감고 올라가면 송담
상황버섯이 소나무에 돋아나면 송황松黃
버섯이 땅속의 솔뿌리에 돋아나면 복령茯苓
이들은 다 한방에서 귀한 약재로 대접받는다

송이松栮는 소나무 아래서 자란 버섯
송로松露는 소나무 잎에 매달린 이슬

송뢰松籟는 소나무 가지에 스치는 바람
송월松月은 소나무 가지에 걸린 둥근 달
소나무 가까이 있는 모든 것들은 다 귀하다

그런데 예외가 있다
솔에 붙어사는 벌레— 저 징그러운 송충松蟲이
하기야 그 녀석도 모를 일이다
귀한 솔만 먹고 자랐으니 어떤 신약神藥이 될지

그런데 또 하나 골치 아픈 놈이 생겼다
일본에서 밀입국해 들어온 소나무재선충
눈에 잘 보이지도 않은 작은 놈들이
이 땅의 소나무를 갉아 먹고 있다
우리의 겨레 나무 솔을 죽여 가고 있다

---

* 송기松肌 : 소나무의 속껍질. 쌀가루와 함께 섞어서 떡이나 죽을 만들어 먹기도 한다.

** 송명松明 : 관솔불.

갈대

바람에 흔들리는 한 포기 갈대
사람들은 그를 두고 약하다 이르지만

수억만 갈대 군락 순천만에 가면
바다와 맞선 그들을 볼 수 있다

파도도 밀려왔다 되돌아가고
갯바람도 그들 속에 스며 잠잠해진다

연약한 풀들도 함께 서면
그렇게 세상을 바꿀 수 있다

연못가에서

사람들이 연못가에 서서
물고기들과 놉니다

빵 조각을 던져 주기도 하고
과자 부스러기를 떨어뜨리기도 합니다

바깥 사람들이 손만 흔들어도
물속의 고기들은 모여듭니다

더러는 먹을 수도 없는 나뭇잎을
던져 보는 사람도 있습니다

고기들이 우르르 몰려들었다
입을 대 보곤 금방 흩어집니다

말을 안 해서 그렇지 고기들도
아마 입을 삐죽거릴 것 같습니다

불에 관한 명상

철Fe, 구리Cu, 금Au 등의 금속은 하나의 원소
탄소C, 유황S, 규소Si 등 비금속 고체도 하나의 원소
산소O, 수소H, 질소N 등의 기체도 하나의 원소
지금까지 발견된 원소의 종류는 107개라 하는데
이런 원소들이 결합하여 사물이 빚어진다고 한다

물H2O은 산소와 수소의 결합
소금NaCl은 나트륨과 염소의 결합
황산H2SO4은 수소와 유황과 산소의 결합
식물은 17개 정도의 원소들로 이루어졌고
인체는 25가지의 원소들을 필요로 하는 유기체다

말하자면 세상에 존재하는 모든 사물들은
원소들로 구성되어 있다
그런데 불은 무엇인가?
저 뜨거운 불은 물질인가? 현상인가?

어떤 물질이 산소와 결합한 산화작용이라고 하는데

그것은 생성이 아니라 소멸현상이다
물질이 산소의 도움을 받아 '빛' 으로 환원된 현상
존재의 무화無化, 아니, 승화다
존재가 열과 빛으로 환원되는 현상이다

어쩌면
열과 빛도 물질일지 모른다는 생각이 든다
아니라면,
불은 신의 손인가?

성화대를 만들자

'요원의 불길' 이라는 말이 있지만 불의 기세는 얼마나 놀라운가?

천년 사직을 일순에 삼켜 버릴 수도 있고,

수만 년 원시림을 삽시에 잿더미로 만들어 버릴 수도 있다

그러나 그 사나운 불길도 물 앞에서는 맥을 못 춘다

불을 제압한 물의 위력이 얼마나 대단한가는

굽이치는 홍수의 강물이나 밀려오는 노도를 보면 알 일이다

인도네시아의 연안을 휩쓸며 10여만 명의 목숨을 앗아 간

쓰나미의 횡포를 보면 짐작하고도 남으리라

그런데

눈에 보이지도 않은 바람이 또한 무섭다는 사실을 최근에 알았다

그 부드러운 바람도 거세게 불면 물을 이긴다는 사

실을 확인했다

2013년 11월 9일 시속 315km로 불어온 태풍이

태평양의 바다를 들어 올려 필리핀의 허리를 강타했다

한순간에 뭍은 폐허로 바뀌고 1만 명이 생명을 잃었다

그러니 불보다 강한 것은 물이요, 물보다 강한 것은 바람이다

가만있자! 바람이 그렇게 힘이 세다고?

무엇이 바람을 움직이게 했는가?

바람, 대기의 이동인 기류는 기온의 차이에서 빚어진 것인데

무엇이 대기의 기온을 높인 것인가?

태양이 아닌가?

그러니 공기를 움직여 바람을 일으킨 것은 태양 곧 불이다

바다를 뒤흔든 쓰나미도 실은 지진 때문이므로
그것도 지구의 용암, 곧 불의 힘이다
불이 곧 세상을 움직이는 근원적인 힘이다

사람들아 불을 섬기라
지상의 수많은 성전들에 성화대를 만들고 불을 경배하라

섬에 대한 의문

섬이란 무엇인가?
물로 둘러싸인 땅이다

홍도나 울릉도처럼
육지에서 멀리 떨어진 섬도 있고
거제도나 강화도처럼
육지와 다리로 연결된 섬도 있다

우리나라에서 제일 큰 섬은 제주도
세계에서 제일 큰 섬은 그린란드라고 한다

왜 오스트레일리아는 섬이라 하지 않는가?
왜 아메리카는 섬이 아닌 대륙이라 하는가?
아시아도 유럽도 다 바다에 둘러싸인 섬 아닌가?

지구상에 섬 아닌 땅은 없다

호수에 대한 의문

호수란 무엇인가?
땅으로 둘러싸인 물이다

백두산 천지나 한라산 백록담 같은 산정 호수도 있고
충주호나 대청호 같은 사람이 만든 인공호수도 있다

우리나라에서 제일 큰 호수는 춘천의 소양호
세계적으로 큰 것은 동시베리아와 몽골에 걸쳐 있는 바이칼 호란다

육지로 둘러싸인 흑해나 홍해는 왜 호수가 아니고 바다인가?
러시아, 카자흐스탄, 이란 등 5개국 사이에 끼어 있는 카스피 해는
호수인가 바다인가를 놓고 국제적인 분쟁을 일으키고 있다

세상에 육지로 막혀 있지 않은 물이 어디 있단 말인

가?

지중해도 인도양도 대서양도 태평양도
다 물에 둘러싸인 하나의 큰 호수에 지나지 않는다

사람들이 붙인 엉성하고 애매한 이름들이
세상을 어지럽히고 있다

하늘에서 떨어진 돌

진주 지방에 몇 개의 운석隕石이 떨어져 소란스럽다
하늘에서 떨어진 돌이니 귀한 것이긴 하지만
돈이 된다고 하니 그놈을 찾겠다고 난리들이다

어떤 천체가 폭발하여 그 파편들이
몇억만 년을 우주 공간을 떠돌다
지구의 대기권에 들어오면서 온몸을 불태우다 남긴
-----------------별똥별!

어느 농가 비닐하우스에 떨어진 놈은
어떤 천문학자가 어떻게 측정했는지 금보다 비싼
몇십억 원이라고 한다

그러니 사람들이 너도나도 하늘에서 떨어진
그 행운석을 주우러 그렇게 소란을 피울 만도 하다
그런데 사실 생각해 보면

우리가 살고 있는 이 지구 땅도

하늘에서 떨어져 돌고 있는 별이니
그것이 그것 크게 다를 것도 없다는 생각이 든다

독살

개울에 들어가 맨손으로 송사리를 잡아 보았나요?

낚시에 미끼를 달아 두툼한 붕어를 낚아 본 적이 있나요?

족대로 여울에서 메기나 동자개 등속의 잡고기들을 훑쳐 보았나요?

비 오는 날 강물에 투망을 던져 번득이는 은어 떼를 건져 보았나요?

어로에 그물을 드리워 놓고 우럭이나 볼락 같은 바닷고기를 거두어 보았나요?

먼바다에 나가 두 배의 고물에 쌍끌이그물을 매달아
망망한 대해를 온통 훑어 보기라도 했나요?

그렇다면

내가 좋아하는 물고기 사냥법은 무엇인지 알고 싶다는 거죠?

네, 알려 드리지요, 독살이라는 겁니다

독을 먹여 죽이는 그 독살이 아니라

간만의 차가 큰 연안에 돌멩이로 담장을 쳐 놓으면

밀물에 들어온 고기가 썰물에 못 빠져나가고 웅덩이에 갇히게 되는데

구덕을 가지고 가서 주워 담기만 하면 되는 태고의 어법漁法이죠!

많이 잡았느냐고요?

그런데 아직 돌멩이 하나 쌓아 놓지 못하고 바라만 보고 있으니 참!

시와 말[馬]

임 보

한 마리의 말이 있다. 영양실조라도 걸린 듯한 수척한 말이다. 윤기를 잃은 털은 듬성듬성 빠진 곳도 있다. 그러나 한때는 준마였는지 드러나 보인 뼈대가 귀골스럽고 눈빛은 아직도 맑다. 고삐도 없는 이 한 필의 말이 광야에서 외롭게 풀을 뜯고 있다. 가끔 지나가는 사람들이 있기는 하지만 거들떠보지도 않는다. 아마 아무 쓸모도 없는 놈이라고 여기는 모양이다.

그런데 초라한 행색의 한 나그네가 지나다가 말 옆에서 잠시 걸음을 멈춘다. 그 나그네 역시 말처럼 수척하다. 먼 길을 걸어온 듯 옷은 찌들고 신발은 헐었다. 그러나 동안童顏의 얼굴은 맑고 안광眼光은 반짝인다. 어느 몰락한 귀족의 후예인 것도 같다. 그 나그네는 한참을 서서 말을 바라보다가 곁으로 다가선다. 말은 처음 본 이 나그네가 두렵지도 않은지 피하려는 기색이 없다. 나그네는 말의 등을 쓸어보기도 하고 머리를 만져보기도 한다. 그러자 말은 코를 벌름거리면서 싫지 않다는 듯 하얀 이를 드러내 보인다.

이렇게 해서 나그네와 말은 가까워진다. 나그네는 멀고 외로운 길을 가는데 말과 더불어 동행한다면 심심찮을 것이라고 생각한다. 그래서 그는 궁리 끝에 자신의 허리띠를 풀어 말의 고삐를 만든다. 한 손으론 흘러내리려는 바지를 움켜잡고 다른 한 손으론 말의 고삐를 끌면서 길을 간다. 그러나 말은 생각처럼 쉽게 따라와 주지 않는다. 먹이를 보면 먹이 쪽으로 달려가려 하고 개울을 만나면 쉽게 건너려 하지 않는다. 이놈을 몰고 간다는 것이 여간 힘든 일이 아니다. 심심풀이로 생각해서 끌고 왔던 이놈이 보통의 짐이 된 게 아니다. 마치 말의 종처럼 나그네는 말에 끌려간다. 그렇다고 안쓰러운 마음 때문에 그냥 내버리고 갈 수도 없다. 나그네의 가슴속에 이미 정이 배어들었기 때문이다.

나그네는 말을 억지로 끌고 가기가 쉽지 않다는 것을 깨닫는다. 그래서 말을 길들이기로 작정한다. 가던 길을 멈추고 말에 매달려 놈을 돌본다. 말과 함께 뒹굴고 말과 함께 잠자면서 말의 동무가 된다. 나그네는 그가 가던 길을 잠시 잊고 마치 말이 길인 것처럼 말 속에 빠진다. 이제 그와 말은 하나가 된다. 그는 말의 고삐를 풀어 다시 자신의 허리띠로 맨다. 이제는 고삐를 끌지 않아도 말이 그를 따른다. 나그네와 말은 친구처럼 나란히 걷는다. 말은 이미 나그네의 마음을 알아 멈추고자 할 때 멈추고 움직이고자 할 때 움직인다. 그야말로 동행이다.

끝없이 펼쳐지는 광야, 흐린 날씨에 길은 거칠다. 얼마나 걸어왔던가. 목은 마르고 다리는 팍팍하다. 그때 말이 조용히 속삭인다.

"주인님, 제 등에 올라타세요."

나그네는 한참 망설이다가 미안한 마음이 없지 않았지만 가만히 말의 등에 오른다. 그러자, 아, 새롭게 열리는 시야, 지상을 딛고 걸을 때와는 달리 흔들리며 다가오는 율동적인 산하의 아름다움, 말의 등에서 배어 나오는 따스한 감촉…….

세상은 한순간에 금방 달라진다. 나그네는 이제 모든 피로도 잊고 동화 속의 왕자처럼 유유자적 말의 등에 올라 광야를 건넌다.

나는 앞에서 나그네와 말 이야기를 했습니다. 이 이야기 속에 나오는 나그네와 말을 시인과 시의 관계로 바꾸어 생각해 보고자 합니다. 시인들은 광야를 걸어가는 외로운 나그네, 시는 광야에 버려진 수척한 말에 비유해도 좋을 듯싶습니다. 그리고 이야기 속의 나그네가 겪는 것처럼 시인들도 세 가지 단계를 겪어 간다고 볼 수 있을 것 같습니다.

처음은 말을 끌지만 말에 끌려가듯 시를 쓰지만 시에 끌려가는 단계입니다.

다음은 말과 친구가 되어 동행하듯 시와 동고동락하며 지내는 단계입니다.

마지막은 말 위에 올라타고 가듯 시를 자유자재로 부릴 수 있는 단계입니다.

첫째는 시인이 시를 이기지 못하고 시에게 눌려 지내는 처지입니다. 이런 상태에서는 시를 쓰는 일이 오히려 괴롭습니다. 늘 시를 생각하기는 하지만 시가 쉽게 쓰이지 않습니다. 습작기의 시인들이 대개 겪는 과정이라고 할 수 있습니다. 나는 이 과정을 시를 찾는 멱시覓詩－시에 얽매이는 결박의 단계－라고 부르고자 합니다. 인고와 연단의 대결을 통해 시의 결박에서 풀려나면 둘째의 과정인 친화의 단계에 접어들게 됩니다. 여기서는 시와의 대결이 아니라 화해를 맞게 됩니다. 갈등에서 벗어나 자유와 평온을 맛보게 됩니다. 시와 함께 하는 일이 이젠 괴롭지 않습니다. 이 단계를 시를 터득하게 되는 견시見詩의 경지라고 불러도 좋을 것 같습니다.

그러나 중요한 것은 시를 마음대로 부릴 수 있는 셋째 단계라고 생각합니다. 시의 말을 올라타고 시를 몰고 갑니다. 시 위에 올라타고 가니 그가 밟은 대지는 다 시의 영토가 된다고 할 수도 있습니다. 시의 자유방임— 그러나 기존의 시법에 얽매이지 않지만 결코 탈선을 범하지 않고, 새로움을 꿈꾸지만 결코 아집과 교만에 빠지지 않는 유유자적입니다. 무애불기無碍弗羈－무법의 경지－라고나 할까요. 공자의 저 종심소욕불유구從心所欲不踰矩로 설명이 될 수 있을지 모르겠습니다. 나는 이 단계를 역시役詩의 경지라고 부르고자 합니다.

그러니 첫 번째 멱시의 단계는 시인이 시의 시종侍從으로 매인 것이고, 두 번째 견시의 단계는 시인과 시가 친구의 관계라고 한다면, 세 번째 역시의 단계는 시인이 시의 주인이 되는 격입니다.

시는 한 마리의 말입니다. 오늘의 시인들에게 묻고자 합니다. 그대는 시의 말을 어떻게 기르고 있는지 궁금합니다. 혹시 황금의 외양간을 지어 세상과는 담을 쌓고 시를 자신의 상전上典으로 떠받들며 봉양하고 있는 것은 아닙니까? 아니면 아직 허약한 그놈을 밖으로 내몰아 해동도 안 된 돌길에 무거운 수레를 끌게 하는 것은 아닙니까? 시의 말은 상전으로 섬길 것도 못 되며 그렇다고 하인처럼 혹사시킬 것도 아닙니다. 한 마리의 말을 잘 먹여 준마로 키워 내듯 정성으로 잘 기른 다음 그놈의 등에 올라 유유자적 세상길을 넘을 일입니다. 지금 그대가 기른 시마詩馬는 어떠한가요? 올라타도 될 만큼 늠름한가요? 그럼 어서 올라타 보시지요.

시인 임보
본명은 강홍기姜洪基

1962년 서울대학교 국문과 졸업.
1988년 성균관대학교대학원에서 「한국현대시운율연구」로 문학박사 학위 받음.
1962년 『현대문학』을 통해 시단에 등단함.
시집 『임보의 시들 59-74』 『산방동동山房動動』 『목마일기木馬日記』 『은수달 사냥』 『황소의 뿔』 『날아가는 은빛 연못』 『겨울, 하늘소의 춤』 『구름 위의 다락마을』 『운주천불』 『사슴의 머리에 뿔은 왜 달았는가』 『자연학교』 『장닭 설법』 『가시연꽃』 『눈부신 귀향』 『아내의 전성시대』 『자운영꽃밭』 『검은등뻐꾸기의 울음』 등이 있음.
저서 『현대시운율구조론』 『엄살의 시학』 『미지의 한 젊은 시인에게』 『시와 시인을 위하여』 『좋은 시 깊이 읽기』 등이 있음.
충북대학교 인문대학 국문과 교수 역임.

E-mail : rimpoet@hanmail.net

광화문 비각 앞에서 사람 기다리기

지은이 | 임보
펴낸이 | 김재돈
펴낸곳 | 도서출판 시와시학
1판1쇄 | 2015년 5월 30일
출판등록 | 2010년 8월 10일
등록번호 | 제2010-000036호
주소 | 서울 종로구 명륜동1가 42
전화 | 744-0110
FAX | 3672-2674
값 10,000원

ISBN 978-89-94889-89-4 03810